TESTIMONIA

Curriculare Reihe lateinischer und griechischer Texte
Begründet von Wilhelm Fiedler
Fortgeführt von Alfons Städele

M. TULLIUS CICERO

PRO ARCHIA POETA ORATIO

Erläutert von Otto Schönberger

Anmerkungen

C. C. Buchner

11. Auflage 11 ⁴ ³ ² 2012 11 10
Die letzte Zahl bedeutet das Jahr dieses Druckes. Alle Drucke dieser Auflage sind,
weil untereinander unverändert, nebeneinander benutzbar.

Dieses Werk folgt der reformierten Rechtschreibung und Zeichensetzung.
Ausnahmen bilden Texte, bei denen künstlerische, philologische oder lizenzrechtliche Gründe einer Änderung entgegenstehen.

© C. C. Buchners Verlag, Bamberg 1984
Das Werk und seine Teile sind urheberrechtlich geschützt. Jede Nutzung in anderen
als den gesetzlich zugelassenen Fällen bedarf der vorherigen schriftlichen
Einwilligung des Verlages. Das gilt insbesondere auch für Vervielfältigungen, Übersetzungen und Mikroverfilmungen. Hinweis zu § 52a UrhG: Weder das Werk noch
seine Teile dürfen ohne eine solche Einwilligung eingescannt und in ein Netzwerk
eingestellt werden. Dies gilt auch für Intranets von Schulen und sonstigen
Bildungseinrichtungen.

www.ccbuchner.de

Einbandgestaltung: Georg Lehmacher, Friedberg/Bay.
Satz, Druck und Bindung: creo Druck & Medienservice GmbH, Bamberg

ISBN 978-3-7661-5117-9

ANMERKUNGEN
zu Ciceros Rede Pro Archia Poeta

1.–4. *M(itte). Exordium.* – *Si quid* man beachte die bescheidenen Ausdrücke auch im Folgenden: exiguum, si qua, mediocriter, si aliqua, abhorruisse (wobei in den Relativsätzen eine Klimax vorliegt); s. auch die kunstvoll variierte Folge si quid ... si qua ... si ... ratio aliqua; welche psychologische Wirkung hat *si?* – *ingeni (i)* Talent zum Redner. Cicero zerlegt (μερισμός) den Begriff der Beredsamkeit in deren notwendige Vorbedingungen: ingenium (= natura, indoles), exercitatio (= usus), ratio (= doctrina, scientia), griech. φύσις, μελέτη (ἄσκησις), ἐπιστήμη (τέχνη, μάθησις). Dieser „Ternar der Bildungsfaktoren" (vgl. Benedikt Appel, Das Bildungs- und Erziehungsideal Quintilians, Diss. München 1913, 46–81) erscheint schon bei Plato, Phaidros 269 D: „Wenn du von Natur Talent zum Redner hast, wirst du ein namhafter Redner werden, wenn du Wissen (Unterricht) und Übung hinzunimmst"; vgl. Quintilian i. o. 3, 5, 1 facultas orandi consummatur natura, arte, exercitatione; Cicero belehrt schon hier seine Hörer. Den Gedanken: „Wenn ich beredt bin", drückt er erweiternd aus, indem er die drei Haupterfordernisse zum Charakter des Redners erwähnt – *quod sentio ... exiguum:* Das quod ist Nominativ! „Dessen geringes Maß mir bewusst ist" – *exercitatio dicendi* Geübtheit, Fertigkeit im Reden – *in qua ... versatum* womit ich mich, wie ich nicht leugne, nicht ganz oberflächlich beschäftigt habe – *non infitior* ist Litotes der Bescheidenheit; infitior < in-fateor – *mediocriter* einigermaßen, so ziemlich, „nicht ganz oberflächlich" – *esse versatum* gibt die beliebte Klausel – ∪ – – ∪. *aut si huiusce rei ratio aliqua* oder auch nur einige theoretische Kenntnisse dieser Kunst; rei = dicendi – *optimarum artium:* gemeint sind die sonst auch liberales, ingenuae, bonae genannten artes, d. h. die eines Freigeborenen würdige Beschäftigung mit Literatur, Kunst und Wissenschaft, vgl. unser „die schönen Künste", frz. „belles lettres". Diese schönen Künste fasste der alte Merkvers zusammen: Gram(matica) loquitur, dia(lectice) verba docet, rhe(torice) verba ministrat – mus(ica) canit, ar(ithmetica) numerat, geo(metria) ponderat, ast(rologia) colit astra – *studiis ac disciplina* eifriges Studium, Hendiadyoin (wörtlich?) – *profecta* hervorgegangen, gewonnen – *a qua* sc. ratione – *nullum ... tempus* = nullo tempore, *aetatis* = vitae, *abhorrere ab aliqua re* einer Sache abgeneigt sein, sie vernachlässigen – *earum rerum omnium* (aller dieser Eigenschaften) bezieht sich zunächst auf ratio und exercitatio. Das ingenium kann nur deshalb mitverstanden werden, weil es durch den Unterricht des Archias erst richtig ausgebildet worden ist; Cicero bereitet schon die *argumentatio extra causam* vor, indem er die Autorität seiner eigenen Person in die Waagschale wirft – *vel* vielleicht, wohl – *in primis* in erster Linie; Cicero stellt Archias fast als seinen einzigen Lehrer dar – *hic Aulus Licinius:*

hic ist „der hier anwesende", darum auch „mein Klient" oder „der Angeklagte". Cicero nennt den Archias hier absichtlich mit seinem römischen Namen, um an die angesehene Familie der Luculli zu erinnern, die dem Archias zum Bürgerrecht verholfen hatte; Licinius war der Gentilnamen der Luculli. Zugleich wird durch diesen Namen Archias von vornehrein als römischer Bürger bezeichnet – *fructum* die Früchte, Erfolg – *repetere* fordern, Anspruch erheben auf etwas; Ausdruck der Rechtssprache. Die Präposition re- drückt hier die Berechtigung aus, wie sonst die Pflicht; vgl. rationem (epistulam) reddere – *prope* fast – *suo iure* mit vollem Recht, von Rechts wegen, d. h. Archias hat geradezu ein Eigentumsrecht auf Ciceros Erfolge, da sie vorzüglich seinem Unterricht verdankt werden – *debet* darf; iure *debet* – ∪ – ∪ Ditrochäus. Die erste, weit ausschwingende Periode ist ein Glanzstück; sie besteht aus drei parallelen Bedingungssätzen, an die sich jeweils Relativsätze mit steigender Silbenzahl (10, 18, 22; Gesetz der wachsenden Glieder: Voit, Lateinische Stilkunde 2, 24f.) anschließen; dann folgt ein nicht zu kurzer Nachsatz (Quintilian i. or. 9, 4, 23 cavendum est, ne decrescat oratio) mit guter, beliebter Klausel. Die römische Ordnung zeigt sich deutlich in der Disziplin solcher Sätze, deren konstruktiver Bau bewundernswert ist; groß auch der lange Atem (in jeder Hinsicht), den der Satz beweist. – „Der Anfang der Rede lautet: Archias ist mein alter Lehrer, ihm verdanke ich meine geistige Bildung; wenn meine Beredsamkeit vielen Römern Nutzen gebracht ... hat – nun fährt freilich Cicero fort: so muss ich vor allem versuchen, auch ihm selbst damit zu nützen, – aber ohne Zweifel soll der Gedanke missverstanden werden, so müsst ihr ihm dafür danken" (Thierfelder, A., Gymn. 72, 1965, 397). – Diesen berühmten Satz der Archiasrede hat der deutsche Satiriker Rabener in einer lustigen Gegenüberstellung Ciceros und seiner schulmeisterlichen Ausleger verwendet. Er will in der folgenden Skizze den stammelnden Stubenhocker und Wortkrämer dem großen Politiker und der überragenden Persönlichkeit gegenüberstellen, den Redner aus dem Süden dem nordischen Gelehrten, der nicht einmal eine schöne Periode nachsprechen kann. Cicero begegnet in der Unterwelt seinen Kommentatoren: „Ungefähr hundert Schritte von uns erblicken wir eine Menge tiefsinniger Seelen in bestaubter Kleidung. Ihre Schritte waren sehr ernsthaft und ihr Gang monarchisch. Sie schienen sehr uneinig untereinander zu sein, und je näher sie zu uns kamen, desto deutlicher hörte man ihren Streit ... Dieser Aufzug schien die Seele des Cicero sehr zu befremden. Er ... glaubte, wie ich nachher erfuhr, dass es vielleicht Gesandte eines auswärtigen Volkes oder sogenannter Barbaren wären ... Er empfing sie mit einer mitleidigen Miene; aber wie sehr erstaunte er nicht, als der Anführer der Prozession ihm eine sehr wunderliche Verbeugung aus dem Altertume machte ... Cicero hielt diesen ersten Anfall standhaft aus, und es schien, dass er den Vortrag mit einiger Ungeduld erwartete. Dieser erfolgte endlich, nachdem der Orator dieser Gesandtschaft sich ... in die gewöhnliche rhetorische Positur gesetzt und ... ihm ein erschrecklich großes Buch überreicht hatte ..., auf dessen Rücken die Worte glänzten: Opera omnia. Cicero entsetzte sich ein wenig über diese ausländische Maschine; noch aufmerksamer aber war er, als ihn der Anführer folgendergestalt anredete: „Omnia, si quid est in me ingenii, quod sentio, quam sit exiguum ... exiguum ... quod sentio, quam sit exiguum." Vermutlich mochte diese unumstößliche Wahrheit die Kräfte unseres Demosthenes so sehr mitgenommen haben, oder auch der Anblick des Cicero, welchen er sich ganz anders vorgestellt hatte. Er hielt eine lange Weile inne und ließ dem Cicero Zeit, sich ... zu erholen, welcher von der ganzen Anrede nicht ein Wort verstanden hatte und seinen Atticus fragte, was dieses für eine Sprache sei. Denn darauf wäre er wohl niemals gekommen, dass dieses Lateinisch sein sollte." – *quoad longissime* soweit nur immer – *respicere* zurückblicken auf etwas – *pueritiae memoriam ultimam* meine früheste Jugendzeit; memoria ist nicht bloß „Gedächtnis", sondern auch Gegenstand desselben, also „Zeit, Geschichte"; beachte die reiche Doppelung der Zeitangabe – *inde usque repetens* von dort an ununterbrochen ausholend = jedes Mal, wenn ich so weit zurückdenke; vgl. den Ausdruck memoria repetere aliquid – *hunc* den Angeklagten, meinen Klienten – *video* sehe (lebhaft) vor meinen Augen – *principem* ... *exstitisse* wie er mein Führer bei der Wahl (suscipere) dieses Studienganges (rationem = Richtung, Bahn, Fach, Gebiet) und bei den ersten Schritten (ingredi) darin gewesen ist; der Ausdruck wieder zweifach und sehr genau (Wahl – Beginn). – Der Satz *quoad ... exstitisse* versetzt die Phantasie des Hörers in jene Zeit zurück, die Stelle *et ... ultimam* lässt ihn dort verweilen, *inde ... repetens* führt ihn wieder auf den gegenwärtigen Standpunkt zurück – *quodsi* wenn also – *haec vox* meine Stimme, meine Redekunst – *hortatu* Antrieb – *praeceptis* technische Ratschläge – *conformata* ausgebildet – *huius* des Angeklagten, der in Verteidigungsreden immer als *hic* bezeichnet wird – *aliquando* je, sonst – *a quo ... huic:* korrelative Stellung, im Deutschen umzukehren! *id ... quo* das ... wodurch = das Mittel – *ceteris* = aliis. Man beachte die Synonyma für „helfen, retten"! – *possumus* „bin in der Lage" – *profecto* gewiss, sicherlich (von der subjektiven Gewissheit; die objektive ist meist *certe*) – *quantum est situm in nobis* soweit es in unserer Macht steht = mit Aufgebot aller Kraft, in nobis ist (wie schon accepimus, possemus und das folgende debemus) Pluralis modestiae; vgl. auch Cic. de fin. 1,57 est situm in nobis, ut ... adversa quasi perpetua oblivione obruamus – *debemus:* Archias ist Mitbegründer der Erfolge Ciceros; daher gibt es geradezu eine feste Verpflichtung für Cicero.

2. *hoc ita dici* diese meine Worte; das *ita* ist nur im Deutschen pleonastisch, im Lat. wäre das bloße hoc dici zu schwach – *forte* vielleicht. Interessant, wie der Satz mit 5 einsilbigen und 3 zweisilbigen Wörtern beginnt, ohne abgehackt zu wirken; Quintilian 9, 4, 42 warnt: „Auch einsilbige Wörter wird man nicht gut in größerer Zahl aufeinander folgen lassen, weil eine durch viele Wortausgänge unterbrochene Wortfügung etwas Hüpfendes bekommt." Allerdings sind „ne quis" und „a nobis" beim Sprechen enger aneinander gebunden – *alia quaedam facultas ingeni* eine ganz andere Begabung – *in hoc* in meinem Klienten – *neque* im Deutschen bloß „nicht" – *haec dicendi ratio aut disciplina* (aut statt ac, weil neque vorhergeht) die gründliche theoretische Schulung in der Beredsamkeit, von der ich sprach; nach *disciplina* ist im Deutschen etwa „so darf ich bemerken, so muss ich sagen" einzuschalten – *ne nos quidem* (plur. modest.) auch ich nicht – *huic uni studio* d. h. der Rhetorik; Cicero weist auf die geistige Verwandtschaft aller Künste hin; ein Dichter kann auch den Redner bilden – *penitus* durch und durch, ganz und gar, (mit *uni*) „einseitig, ausschließlich"; Cicero denkt hier an seine dichterischen Versuche, z. B. de consulatu suo – *ad humanitatem pertinent* das Wesen menschlich edler Bildung ausmachen. Beachte und sammle die Ausdrücke für „Unterricht, Bildung, Wissenschaft" u. ä. – *quoddam* fällt im Deutschen weg –

commune vinculum: vgl. Cic. de orat. 3, 6 est illa Platonis vera vox omnem doctrinam harum ingenuarum et humanarum artium uno quodam societatis vinculo contineri – *continentur:* – ∪ – ∪ Ditrochäus.

3. *esse videatur* – ∪ ∪ ∪ – ∪; die Gefahr eines Hexameterschlusses, der ängstlich gemieden wurde (wie überhaupt poetischer Rhythmus in Prosa) ist hier durch den notwendigen Konjunktiv gebannt; die Formel „esse videtur" hätte Anstoß erregt. Paragraph 3 ist in ähnlicher Weise (*sed ne cui ... mirum ... videatur*) an 2 angeschlossen wie 2 an 1 (*ac ne quis ... miretur*) – *in quaestione legitima* wörtlich: bei einer auf Grund eines Gesetzes (lex Papia) angestellten Untersuchung – *in iudicio publico* wörtlich: bei einer im Staatsinteresse abgehaltenen Gerichtssitzung; genauer Ausdruck – *res agatur* die Sache verhandelt wird – *apud* vor – *lectissimum* auserlesen = hochachtbar; der Superlativ ist hier ein „gehobener Positiv" – *praetorem:* s. o. S. 12 – *severissimos* gestreng. Der pathetische Römer liebt die Superlative viel mehr als der Deutsche; diese sind auch wegen des größeren Wortumfanges und Wohlklanges im genus medium beliebt; beachte ihre Häufigkeit auch sonst! – *tanto conventu ... frequentia* vor einem so zahlreichen Publikum; Cicero geht in strenger Rangordnung bei der Aufzählung vor – *hoc genere dicendi* (hoc = eiusmodi, tali) solche Art des Vortrags; gemeint ist aber nicht bloß der Stil, sondern auch der Inhalt – *consuetudine iudiciorum* die übliche Gerichtssprache, der Juristen- oder Kurialstil – *verum etiam* folgt meist nach non modo, wie sed etiam nach non solum – *forensi sermone* auf dem Forum üblicher Ton – *abhorreat* abweicht – *hanc veniam* das hanc weist nur auf den folgenden ut-Satz hin – *dicentem* indem ich spreche = bei der Verteidigung – *hoc ... hac ... hoc* (nachdrucksvolle Anapher) = tanto, tanta, tali – *hac vestra humanitate* vor euch Geschworenen als Männern von so feiner Bildung (captatio benevolentiae) – *hoc praetore* Ciceros Bruder war selbst Dichter – *exercente iudicium* als Vorsitzendem – *liberius* freier, freimütiger, ungezwungener (als vor weniger gebildeten Geschworenen) – *in (eius) modi persona* wo es sich um eine Persönlichkeit handelt; *persona* ist 1. Maske des Schauspielers, 2. die durch die Maske angedeutete Rolle, daher 3. Persönlichkeit, nicht unser „Person", sondern der Mensch nach seinem Stande und seinen Verhältnissen (Alter usw.) – *otium ac studium* Zurückgezogenheit vom öffentlichen Leben und literarische Tätigkeit; was ist an dieser Zusammenstellung eigentümlich? – *pericula* Prozesse – *tractata est* herumgezerrt worden ist; das scharfe Wort tractare soll Missgunst gegen den Ankläger hervorrufen – *novo* (durch quodam „ganz" verstärkt) ist mehr als unser „neu", da es oft mit inauditus, inusitatus verbunden wird, etwa „noch nie dagewesen, eigenartig, neuartig" – *tribui concedique* Hendiadyoin; „gütigst gewährt" – *segregandum* (sc. esse) streichen – *si non esset* (sc. civis) – *adsciscere* herbeiholen, aufnahmen. – Durch *non modo non etc.* wird schon in der Partitio dieser Teil der Rede als eher untergeordnet eingeführt. – Hier ist das dichterische Talent, das dem Archias als etwas Besonderes, Überragendes eignet, nachdrücklich geschieden von seiner Bildung, die in *eruditio* gefasst ist. Cicero setzt in feinster psychologischer Berechnung neben den *summus poeta* nicht ein *doctus*, das als Prädikat des *poeta* diesen ... in die sublime Sphäre der Lehrer der Menschheit emporhebt, sondern den *homo eruditissimus*, um damit die Brücke von dem einsamen Talent zu dem gebildeten Publikum zu schlagen: das *eruditissimus* stellt den *poeta* (auch *homo* ist dafür wirksam) in eine Atmosphäre hinein, in der auch das Publikum geistigerweise atmen kann. Den Anschluss aber an diese durch *eruditus* hergestellte Atmosphäre gibt das gewiss nicht ohne Absicht superlativisch gebrauchte *literatus*, das dem *eruditus* begrifflich in bedeutender Weise zugeordnet ist ... Somit ruht also die Brücke, die Cicero zwischen dem Künstler und dem Publikum baut, auf zwei Pfeilern von wesensmäßig gleicher Struktur: der seelische Kontakt ist hergestellt (Altevogt). – Das exordium (προοίμιον, principium) hat die Aufgabe, den Hörer zu gewinnen (captatio benevolentiae; concilietur auditor; εὔνοια), ihn aufmerksam zu machen und zu interessieren (erigatur auditor; attentum facere) und der Belehrung zugänglich (docilis, paret se ad discendum) zu machen. Man schmeichelt dem Richter und den Geschworenen, erregt schon vorläufig Mitleid mit dem Angeklagten und erweckt den Eindruck großer Bescheidenheit (der Redner soll hier λέξει μέτριος sein und ἐπιεικὲς ἦθος zeigen). Am Ende steht die propositio thematis. – Das Exordium dieser Rede ist dreiteilig; 1. 2. Cicero ist moralisch verpflichtet, Archias zu helfen; in Rom gehörte die Verteidigung zu den *officia*, was zur Folge hatte, dass der Anwalt zu Beginn seiner Rede den Nachweis seiner Beziehungen zum Klienten erbringen musste. Cicero übertreibt die Enge dieser Beziehungen offensichtlich (W. Kroll). – 3. Die besondere Art des Falles erfordert auch eine ungewöhnliche Art der Rede, die aber bei dem gebildeten Richterkollegium Billigung findet, – 4. A(nfang), und dann lässt sich auch beweisen, dass Archias, wenn er nicht schon Bürger wäre, das Bürgerrecht jetzt erhalten müsste (Cicero nimmt das Urteil vorweg).

4. *M.*– 8. *Narratio.* Früher Ruhm des Archias, besonders in Unteritalien, wo vier Städte ihm das Bürgerrecht schenken; seine Ankunft in Rom und seine Beliebtheit beim hohen römischen Adel; er erhält das römische Bürgerrecht. – Man sieht hier deutlich den Stilwechsel nach der Einleitung. – *ex pueris excessit* über das Knabenalter hinaus war. Da Archias ein Grieche war, übersetzt Cicero einen griechischen Ausdruck, ἐκ παίδων ἐξελθεῖν, was ein Alter von 16 bis 17 Jahren bezeichnet. Archias war also ein frühreifes Talent – *artibus ... informari solet* die Unterrichtsfächer der höheren Knabenschule – *scribendi studium* Schriftstellerei, hier wohl Dichtung – *Antiochiae* Hauptstadt Syriens, heute Antakia; Antiochia gewann durch seine Rhetorenschule und besonders durch seine christliche Exegetenschule im 4. und 5. Jhdt. n. Chr. großen Einfluss auf das hellenische Geistesleben – *loco nobili* als Sohn einer vornehmen Familie – *celebri* dichtbevölkert (Großstadt) – *copiosa* wohlhabend, reich – *eruditissimis ... affluenti* Mittelpunkt der gebildeten Welt und des wissenschaftlichen Lebens; affluere bezeichnet einen Überfluss, der von außen kommt; abundare bezeichnet einen Überfluss aus Eigenem – *gloria contigit* – ᴗ – – ᴗ –. Mit dem Infinitiv findet sich *contingere* nur hier bei Cicero; „es gelang ihm" – *Post* = postea – *Asiae* Kleinasiens – *sic eius adventus celebrabantur* erregte seine Ankunft jedes Mal solches Aufsehen – *hominis* = eius – *ipsius adventus* sein persönliches Erscheinen – *adventus: admiratio* echte Klimax: fama – exspectatio – adventus – admiratio, mit eindrucksvoller Alliteration der beiden letzten Glieder; adventus kommt hier fast an die Bedeutung „Auftreten" heran.

5. *Erat Italia.* Das Verbum am Satzanfang passt trefflich zum Stil der Erzählung (vgl. erant quondam rex et regina) und steht prägnant für „Nun war" – *Italia* ist

vor allem Unteritalien mit seinen Griechenstädten – *artium ac disciplinarum* Kunst und Wissenschaft. Die Verbindung der Synonyma durch das voller klingende *ac* und *atque* ist besonders im höheren Stil beliebt. – im pluralischen Gebrauch bezeichnet übrigens *disciplina* zusammen mit *ars* die griechischen Wissenschaften (Altevogt). – *vehementius* eifriger – *hic Romae* hier in Rom (Epexegese) – *tranquillitatem* gemeint ist die freilich nur kurze Ruhe vor den Bürgerkriegen – *non neglegebantur:* Litotes – *itaque* „und so denn" ist äußerlicher, hat geringere logische Kraft als igitur und ergo, ist daher in den Reden häufiger als in den philosophischen Schriften – *hunc* meinen Klienten; beachte, dass *hunc et* und *et omnes* sich entsprechen, dass also nur drei et vor den Städtenamen zum Polysyndeton gehören – Tarent: das heutige Taranto, 708 v. Chr. von Sparta gegründet; es war die mächtigste Stadt von Großgriechenland, 209 v. Chr. von Fabius Maximus erobert – *Locri* Stadt in Bruttium, heute nicht mehr vorhanden – *Regium* heute Reggio an der sizilianischen Meerenge; die Fülle der Städtenamen soll dem Hörer suggerieren, wie blamabel es sei, hinter diesen Städten zurückzustehen. – *Civitate* Bürgerrecht – *praemiis* Ehrengaben, Auszeichnungen, z. B. goldene Kränze; nach griechischem Recht konnte man zugleich Bürger mehrerer Städte sein; vgl. Cic. pro Balbo 29 nos non possumus et huius esse civitatis et cuiusvis praeterea; ceteris concessum est – *aliquid* einigermaßen – *de ingeniis* über Talente, geistige Dinge – *cognitione* Bekanntschaft – *existimarunt* mit feinem Gefühl ist die kürzere Form gewählt! Was spürt man? – *hac tanta celebritate* in Folge dieses großen, weitverbreiteten Ruhms – *absentibus* = absens, schon aus der Ferne – *Mario consule et Catulo* (102 v. Chr.) mit der Klausel – ∪ – ∪ ∪ – statt Mario et Catulo consulibus; über die Klauseln von § 4 und 5 vgl. E. Norden S. 933 – *Nactus est* asyndetisch wie oben *erat*; nancisci hat hier den Sinn des glücklichen Antreffens – *primum* gleich anfangs, zunächst – *alter:* Marius – *res* Taten – *ad scribendum* als Stoff für dichterische Darstellung – *alter:* Lutatius Catulus besiegte 101 mit Marius die Cimbern bei Vercellae und war im Gegensatz zu Marius, der ihn später ächtete und im Jahre 87 zum Selbstmord trieb, feingebildet – *studium atque aures* Interesse und Verständnis – *adhibere* (entgegen bringen) passt nicht zu res gestas (Zeugma), wozu etwa suppeditare (bieten) zu ergänzen ist – *Luculli:* von ihnen ist am bekanntesten L. Lucullus wegen seiner Erfolge gegen Mithradates (74–69); er war nicht bloß ein Feinschmecker, dem wir übrigens die Bekanntschaft mit der Kirsche verdanken, sondern auch feingebildet – *praetextatus* fast noch ein Knabe. Die römischen Knaben trugen bis zum 17. oder 18. Lebensjahr die mit einem breiten Purpurstreifen verbrämte Toga. Das Wort ist nur ein anderer Ausdruck für ex pueris excessit, aber zugleich ein schlaues Mittel, um Archias durch den echt römischen Ausdruck wie einen gebürtigen Römer erscheinen zu lassen – *sed etiam hoc ... ingeni* es war aber nicht bloß ... zuzuschreiben; Ellipse von *est* kommt nicht selten vor – *hoc* weist auf den folgenden ut-Satz hin, vgl. 3 hanc veniam – *ingeni ac litterarum* poetisches Talent und gelehrte Bildung – *naturae atque virtutis* Charakter und sittlicher Wert (über *ac, atque* siehe oben 5); intellektuelle und moralische Vorzüge mussten sich vereinigen um der Freundschaft des Archias mit den Luculli eine solche Dauer zu geben – *senectuti:* die Altersstufen sind im Latein (wie auch im Deutschen) nicht fest begrenzt. Archias war im J. 62 höchstens 58 Jahre alt; durch *senectuti* wird wieder an die Gegenwart herangeführt.

6. Beachte im 1. Satz dieses Paragraphen die Mannigfaltigkeit des Ausdruckes und die chiastische oder anaphorische Stellung der Verba – *temporibus illis:* um 100 v. Chr. – *Numidico:* Ehrennamen wegen seiner Erfolge (109–108) gegen Jugurtha; er war der Onkel der Luculli. Daher die Verbindung. – *eius Pio filio:* Hyperbaton (traductio verborum) statt Pio eius filio. Der Sohn erhielt diesen Beinamen wegen seines eifrigen Eintretens für die Rückkehr seines durch den Volkstribunen Saturninus verbannten Vaters – *audiebatur* wurde gern (Tempus!) gehört – *M. Aemilio* Scauro, der zwei Mal (115 und 108) Konsul und dann Censor war – *vivebat* er verkehrte bei ... Catulus: s. ob. – *et filio:* dieser war Konsul (78), Censor (65) und lange Zeit das Haupt der Optimaten – *Crasso:* L. Licinius Crassus war einer der bedeutendsten Redner seiner Zeit (gest. 91 v. Chr.); Cicero hörte ihn noch in seiner Jugend und gab ihm eine Hauptrolle in seinem Werk de oratore – *colebatur* wurde hochgeschätzt – *Lucullos* s. ob. – *Drusum* M. Livius Drusus trat als Volkstribun für die Rechte der Bundesgenossen ein, weshalb er (91) ermordet wurde – *Octavios:* etwa Cn. Octavius, der später (87) Konsul wurde, und sein Bruder Marcus, der Volkstribun – *Catonem:* wohl M. Porcius Cato, der Vater des Cato Uticensis – *Hortensiorum:* aus dieser Familie stammte auch Q. Hortensius Hortalus (Konsul 69), ein berühmter Redner, acht Jahre älter als Cicero, der ihn schließlich übertraf – *devinctam consuetudine teneret* die engsten Beziehungen zu ... unterhielt; die Fülle der Namen soll natürlich großen Eindruck erwecken – *adficiebatur summo honore* nicht von den Genannten, sondern von Leuten, die sich um Archias drängten, weil er so ausgezeichnete Verbindungen besaß – *percipere* lernen – *audire* einen Genuss für das Ohr haben – *studebant* ernstlich wollten – *si qui forte simulabant* (sc. se percipere et audire studere) solche, die etwa bloß Interesse heuchelten – *Interim* unterdessen = in jenen Jahren (nach 102) – *satis longo intervallo* nach ziemlich langer Zwischenzeit (es waren 10 Jahre seit 102) – *M. Lucullo* dem Bruder des berühmten L. Lucullus – *Heraclea* Stadt am Golf von Tarent, heute nicht mehr vorhanden – *civitas aequissimo iure ac foedere* eine Stadt, die (mit uns) auf Grund ganz gleicher Rechte verbunden war (schon seit 278); die Römer schlossen sogar mit unterworfenen Städten Bündnisverträge ab. Besonders günstige Verträge waren es natürlich, wenn der Bündnispartner fast völlige Gleichberechtigung erhielt – *cum – tum* zwar schon – besonders aber; statt „cum ipse ... dignus putaretur" würde es kürzer und konzinner heißen „cum ipsius dignitate" – *auctoritate* Ansehen – *gratia* Beliebtheit, Einfluss – **7.** *Data est:* zum asyndetischen Übergang vgl. 5 und 6. „Nun wurde ... erteilt" – *civitas* sc. Romana – *Silvani lege* etc.: Gesetzesantrag der Volkstribunen M. Plautius Silvanus und C. Papirius Carbo = lex Plautia Papiria vom J. 89; der Antrag empfahl, allen Angehörigen von *civitates foederatae* das Bürgerrecht Roms zu erteilen; dieses Recht hatten sich die Italiker im sog. Bundesgenossenkrieg erkämpft. Roms Nachgeben spricht dabei für seine Klugheit. Erst 212 n. Chr. gab Caracalla allen Reichseinwohnern das Bürgerrecht – *si qui = iis qui* = allen, die – *domicilium habere* ansässig sein – *sexaginta diebus* binnen 60 Tagen – *essent professi* sc. nomina sua, sich meldeten – Beachte die Sprache des Gesetzes und den Verzicht auf jegliche Periodisierung – *Metellum* sc. Pium s. 6. – Referat-Thema: Die rechtliche Stellung der unterworfenen und der verbündeten Städte zu Rom.

Die Narratio (4–7; Jugend, Ruhm, Bürgerrecht) oder διήγησις soll drei Eigenschaften besitzen; sie soll klar (σαφής, dilucida, perspicua, manifesta aperta), kurz (σύντομος brevis) und glaubhaft (πιθανός, prohabilis, credibilis) sein, um eine zur „Überzeugung geeignete Darlegung eines Vorfalles" (Quintilian) zu werden. Man darf nicht unklar erzählen, muss sein Gefühl befragen, um nichts dem natürlichen Fühlen Zuwiderlaufendes zu sagen und muss in die Erzählung schon eine gewisse, versteckte Vorbereitung der Beweisführung einarbeiten. Besonders wichtig ist es natürlich, dass die Erzählung interessant ist. – Nachdem Cicero nun den Sachverhalt etwa nach diesen Regeln dargestellt hat, wird er ihn auswerten.

8.–12. *Confirmatio*. Beweis, dass Archias römischer Bürger ist, mit beständig eingemischter Widerlegung (refutatio) der Anklage: Archias hat die drei Bedingungen des Gesetzes erfüllt und das Bürgerrecht tatsächlich ausgeübt. – 8. *infirmare* entkräften – *tum*: bezeiht sich auf den Schluss von 6 – *adscriptum* in die Bürgerliste eingetragen. – Die beiden Fragen sollen eindrucksvoll zeigen, auf wie schwachen Füßen die Anklage steht; weshalb ist die Bezeichnung „rhetorische Frage" hier eigentlich irreführend? – *adest*: nachdrückliche, asyndetische Stellung des Verbums am Satzanfang, vgl. das folgende adsunt – *auctoritate* Glaubwürdigkeit – *religione* Gewissenhaftigkeit – *fide* Zuverlässigkeit, Ehrlichkeit – *non – sed* beachte die drei sich steigernden Antithesen – *audisse – egisse*: 4 Reime, sog. Homoioteleuta; der Reim kam erst aus der Prosa in die Poesie! – *interfuisse* dabei gewesen – *egisse* die treibende Kraft gewesen – *nobilissimi* höchst angesehen; zum Superlativ vgl. im Folgenden amplissimi, integerrimi und oben 3 – *mandatis* sc. publicis – *publico* amtlich, offiziell – *hic* „hier", ist oft unwilliges „und da noch, trotzdem" – *desiderare* vermissen – *tabulas* Tabellen, Register, Bürgerlisten – *quas scimus* von denen wir doch wissen – *Italico bello*: 91 – 88, von den italischen Bundesgenossen Roms geführt, weil man ihnen keine Gleichberechtigung zugestehen wollte – *tabularium* Archiv – *omnes* steht betont am Satzschluss – *quaerere* nach etwas fragen, fordern: beachte das Asyndeton adversativum, auch im Folgenden (flagitare, desiderare) – *ad ea* dazu, darüber – *quae habemus* das Zeugnis des Lucullus und der Gesandten – *hominum ... litterarum memoriam* mündliches ... schriftliches Zeugnis; eindrucksvoll der Gleichlauf hominum ... tacere, litterarum ... flagitare – *religionem* Ehrenwort – *integerrimi* ehrenfest – *municipium* Landstadt mit eigener Verwaltung und römischem Bürgerrecht; s. oben 6 aequissimo iure ac foedere – *ius iurandum fidemque* eidliche Versicherung – *idem* du doch selber – *solere* gewöhnlich, in der Regel, so oft – *corrumpere* fälschen. – Wo findet sich in § 8 ein Stilwechsel?

9. *tot annis* von 102 bis 89, also 13 Jahre – *sedem ... collocavit* sich mit seinem ganzen Hab und Gut niedergelassen hat; wieder die stark wirkenden rhetorischen Fragen; *collocavit* (– ∪ – ∪) und *est professus* (– ∪ – ∪) mit gleicher Klausel – *iis tabulis* durch (= in) jenen Listen, sc. des Metellus – *ex illa professione collegioque praetorum* von jenen Anmeldungen beim Prätorenkollegium – *auctoritatem* Geltung – *Appi ... Gabbini*: Prätoren im J. 89; Appius Claudius Pulcher war der Vater des berüchtigten P. Clodius – *incolumis* im Besitz der bürgerlichen Ehrenrechte (wörtlich?) – *levitas* Leichtsinn – *clamitas* sein Sturz (Verurteilung); hier gibt der Gleichklang levitas-calamitas geradezu eine Orientierungshilfe im Satz – *omnem tabularum fidem resignasset* den Listen alle Glaubwürdigkeit genommen hatte (wörtlich?) – *sanctissimus modestissimus* höchst gewissenhaft und pflicht-

treu – *diligentia* Sorgfalt, Genauigkeit – *Lentulum* ein Praetor des Jahres 89, der sonst nicht bekannt ist – *litura* Rasur, Änderung (wörtlich?) – *commotum* beunruhigt – *his ... tabulis* (vgl. oben *iis tabulis*) Dativ, erg. esse – *in nomen* „gegen den Namen", bezüglich des Namens – 10. *mediocribus* Dutzendköpfen – *humili* gering, unbedeutend – *non gravate* (Litotes) nicht ungern, freigebig – *credo* ironisch „wohl natürlich" – *quod ... id:* korrelative Stellung, im Deutschen umkehren! Vgl. 5 *domus, quae ... eadem* – *scaenicis artificibus* Schauspieler – *largiri* in reichem Maße, gern gewähren – *summa ... gloria:* Hyperbaton – *noluisse* sc. largiri – *quid?* Was? Wie? im Deutschen etwa: „Weiter, und nun noch etwas" – *ceteri* = alii, vgl. 1 ceteris – *post civitatem datam:* sc. sociis, im J. 90; im Deutschen gibt man den konkreten lateinischen Ausdruck abstrakt wieder. – *post legem Papiam:* nach dem J. 65 – *irrepserunt* sich eingeschlichen, eingeschmuggelt hatten; scharfe Wortwahl, durch das abschätzige *aliquo ... modo* verstärkt – *utitur ... illis* sich darauf beruft (wörtlich?) – *scriptus* verzeichnet, eingetragen – *reicietur* wird (= soll) ausgestoßen werden; reicietur = reiciatur (Deliberativ, Dubitativ), das zeigt die nahe Verwandtschaft von Futur und Konjunktiv – 11. *census* Census = Fassionslisten, Steuerbogen – *nostros* Anwalt und Klient bilden eine Gemeinschaft – *scilicet* ironisch „Natürlich, Freilich!" – *est enim obscurum* es ist ja auch unbekannt, ein Geheimnis – *proximis censoribus* während der letzten Steuerperiode (im J. 70) – *superioribus* während der vorletzten (im J. 86) – *quaestore* während seiner Quästur – *primis* sc. censoribus, während der ersten (nach dem J. 90) – *Iulio et Crasso:* unter L. Iulius Caesar und P. Licinius Crassus (im J. 89) – *ius civitatis* die Rechtmäßigkeit des Bürgerrechts – *ac* sondern ‚wie auch' – *que* einen Gegensatz ausdrücken kann – *indicat* aussagt, besagt – *tantum modo* nur, bloß – *qui sit census* der Eingeschätzte – *ita* ist vielleicht zu streichen, da *pro cive* dasselbe ausdrückt; es könnte aus dem doppelt aufgelösten *iam* entstanden sein – *tum* bei der Schätzung und Volkszählung – *se gerere pro cive* sich als Bürger gebärden, aufführen, ausgeben. Vor *iis* ist im Deutschen zu ergänzen „so bemerke ich nur" oder Ähnliches, vgl. 2 ne nos quidem etc. – *ipsius iudicio* nach seinem eigenen Urteil (Gefühl, Auffassung, Ansicht) – *in civium Rom ... versatum* er sei rechtmäßig röm. Bürger gewesen – *esse versatum* – ∪ – – ∪. – *saepe:* weil Testamente oft geändert wurden – *testamentum fecit ... adiit hereditates:* beides war nur Bürgern erlaubt – *in beneficiis ad aerarium delatus est* er wurde zum Empfang einer Geldspende vorgeschlagen und zu diesem Zweck bei der Staatskasse angemeldet; auch solche Geschenke setzten also das Bürgerrecht voraus – *argumenta* Gegenbeweise; auch andere Erklärung: „wirkliche Beweise", weil die bisher vom Ankläger angeführten nichts taugen – *revincere* = convincere einer Schuld überführen.

Nach dem exordium und der narratio nun die confirmatio (argumentatio, probatio, πίστις, ἀγών, κατασκευή, Beweisführung); die Beweise teilte man ein in nichtkünstliche (ἄτεχνος) und künstliche (ἔντεχνος) Beweise. Die künstlichen Beweismittel zog der Redner aus der Sache erst heraus, die natürlichen (Urkunden, Eide usw.) waren von vorneherein gegeben. Cicero hat bis hierher nur nichtkünstliche Beweise verwendet.

Nachgewiesen wird: Archias hat die drei Bedingungen der lex Plautia (7 A) erfüllt, denn 1. er war Bürger von Heraclea, 6 E(nde), 2. er war in Italien, sogar in Rom selbst ansässig (7), 3. er hat sich beim Prätor gemeldet (7 E, 9). Dazu kommen noch die Beweise, dass Archias die Rechte eines Bürgers ausgeübt und die

Vergünstigungen eines solchen genossen hat: 2. Hälfte von 11. Von den 3 Pflichten des Redners hat Cicero damit die erste, das *docere* (Belehrung über den Tatbestand), soweit es möglich war, erfüllt. 8 M – 11 E sind emotional stark gehoben (Fragen, Interjektionen, Anrede des Klägers, Ironie). – Zu Stildifferenzen in *einer* Rede vgl. RE Supplem. XIII, 1289 f. (mit Ciceros Theorie).

Im 2. Teil der Rede (12–31), der „extra causam" liegt und das in 3 angekündigte „novum dicendi genus" bringt, will Cicero zeigen, dass Archias das Bürgerrecht erhalten müsste, wenn er es nicht schon hätte (vgl. 4 A). Der Beweis gründet sich darauf, dass Archias durch seine Epen über die Kriege gegen die Cimbern und Mithradates die Taten des römischen Volkes verherrlicht hat. Freilich wird dabei in echt römischer Art vor allem der Nutzen der Dichtkunst betont, aber Cicero benützt diese Gelegenheit doch auch dazu, seine eigenen Ansichten und die der höher gebildeten Römer über Dichtung und Geisteskultur in einem hohen Lied auf die „Freien Künste" vorzutragen. Gerade dieser Teil zeichnet sich durch Fülle der Gedanken, Schönheit des Ausdrucks und Mannigfaltigkeit der Wendungen aus; damit hat der Redner seiner 2. Aufgabe, dem *delectare*, genügt. Technisch ist dieser Abschnitt zum Teil eine παρέκβασις, eine Abweichung vom Thema (ἐκδρομή, egressio, excessus), „eine außer der Reihe gelegene abschweifende Behandlung einer Sache, die für den vorliegenden Fall von Nutzen ist". Man kann dazu das Lob von Menschen, Gegenden oder Dingen u. ä. verwenden. – Außerdem ist eine Art von „künstlichem Beweis" verwendet: es wäre unwahrscheinlich, dass ein Mann wie Archias – bei der hohen Bedeutung seiner Kunst – das Bürgerrecht noch nicht erhalten hätte.

12. *Quaeres* (ohne fortasse) du wirst vielleicht fragen; die Einleitung des Redeteils erfolgt in Form einer occupatio, der Vorwegnahme eines Einwandes; diese Frage und damit der Themenwechsel in der Gerichtsrede ist in Rom möglich, weil der Verteidiger sein Amt aus Gefälligkeit gegenüber dem Angeklagten ausübt, so dass die Frage nach dem Motiv einer Verteidigung ganz legitim war – *delectemur* uns hingezogen führen – *suppeditat* verschafft, bietet – *ubi* (eigtl.?) Freistatt, Asyl – *convicium* (sc. litigantium) Parteigezänk – *suppetere* zu Gebot stehen – *quod ... dicamus* Stoff zum Reden; vgl. Quint. i. o. 10, 1, 27 (nach Theophrastos) plurimum oratori conferre lectionem poetarum. Namque ab his in rebus spiritus et in verbis sublimitas et in adfectibus motus omnis ... petitur praecipueque velut attrita cotidiano actu forensi ingenia ... reparantur. Vgl. auch Horaz, Carm. 3, 4, 40. – *rerum* Rechtsfälle – *animum doctrina ... contentionem* besonders feine Wortstellung; ferre und posse werden getrennt – *relaxare* (Bild vom Bogen) entspannen, Erholung verschaffen – *ego vero* ich wahrlich, ich für meine Person; in *ego* liegt auch ein distanzierendes Element – *his studiis:* den artes liberales – *ceteros* = alios – *se litteris abdere* sich in die Bücher vergraben – *nihil ad communem fructum* nichts Gemeinnütziges – *in adspectum lucemque* ans Licht der Öffentlichkeit, vor die Augen der Welt – *quid* was, wozu, warum – *tempore, commodo* Bedrängnis ... Vorteil (gemeint sind Kriminal- und Zivilprozesse) – *otium* die Verwendung meiner Mußestunden – *abstraxerit, avocarit, retardarit* (Homoioteleuton): Figur der disiunctio; jedes Substantiv hat ein besonderes Verbum, im Deutschen nur „abhalten, entziehen"; *abstrahere* „wegziehen", avocari „sich eilig wegrufen, alles im Stich lassen", *retardari* „zu träge sein, zu spät kommen".

13. *quantum ... tantum* korrelative Stellung, im Deutschen umkehren! – *quantum* ist fünfmal nachdrücklich wiederholt (Anapher), im Deutschen nicht nachzuahmen! – *ceteris* = aliis – *suas res obire* seine persönlichen Geschäfte erledigen – *voluptates* Vergnügungen – *ad ipsam requiem* nur (bloß) zur Erholung – *temporum* von tantum abhängig (Hyperbaton); der Plural, weil das Vorhergehende verschiedene Zeitabschnitte umfasst – *tempestivus* frühzeitig (schon vor der 9. Stunde) beginnend, üppig – *alveolus* Würfelspiel – *pila* Ballspiel; pila ludere war eine beliebte Erholung auch vornehmer Römer, während Würfelspiel für weniger fein galt – *egomet:* verstärktes *ego* – *haec studia* = artes liberales – *recolere* sich imemr wieder mit etwas beschäftigen – *hoc eo mihi:* Pronomina werden gern zusammengestellt – *atque hoc adeo* um so mehr – *concedendum est magis* – – – – ⏑ ⏑ –; *haec oratio et facultas* = *mea oratio* meine rednerische Fähigkeit, vgl. 1 haec vox – *quantacumque* wie groß oder gering auch vgl. 1 Si quid est etc. – *periculis* in der Not (im Dt. konkreter!) vgl. 12 tempore – *quae* = oratio et facultas – *cui* dem einen und anderen – *levior* recht gering – *quae summa sunt* die höchsten sittlichen Prinzipien – *sentio* = scio, wegen der besseren Klausel: – ⏑ – – ⏑ –. Man muss bei Ciceros Selbstdarstellung bedenken, dass die Antike hier freier dachte; zugleich war es Ciceros Wille, immer exemplarisch aufzutreten, Repräsentant *echten* Römertums zu sein.

14. *multorum* sc. virorum, magistrorum, praeceptorum – *multis litteris* vielseitige Lektüre – *suasissem* = persuasissem, die Überzeugung gewonnen (mir zum Grundsatz gemacht) hätte – *in vita* auf Erden – *laudem atque honestatem* Ruhm der Ehrbarkeit; stoischer Terminus – *in ea persequenda* bei diesem Streben – *omnia pericula mortis* etc. alle Gefahren, Tod und Verbannung – *omnes ... omnia* Anapher, vgl. im Folgenden pleni, plenae, plena; der Stil dieses Satzes (vgl. bes. das multorum – multisque! und des ganzen folgenden Abschnittes) ist besonders gehoben wegen des erhabenen Inhaltes – *salute* Wohlfahrt, Rettung – *tot ac tantas* so viele gefährliche – *dimicationes* Kampf gegen Catilina – *hos* die noch jetzt fortdauernden – *profligatorum hominum* niederträchtiger Subjekte, d. h. der Demokraten, die schon gegen Ende seines Konsulats wegen der Hinrichtung der Catilinarier gegen Cicero hetzten – *obiecissem* hätte (mit *in* statt Dativ) mich ausgesetzt, preisgegeben (militärischer Ausdruck) – *pleni* voll (von exempla) – *voces* mündliche Aussprüche, im Gegensatz zu libri – *plena exemplorum* (est) *vetustas* dem Römer ist die Geschichte ein großer Bildersaal von nachzuahmenden oder zu meidenden exempla – *quae ... omnia* und all das – *litterarum lumen* die Literatur mit ihrem Lichte – *fortissimorum virorum* Helden, heroische Gestalten – *expressas* (zunächst von getriebener Arbeit) ausgeprägt, plastisch, lebensvoll – *et ... et* Freude des genauen Römers an klarer Sonderung – *in administranda re. p.* in meiner Politik – *animum et mentem* Herz und Geist – *ipsa cogitatione* gerade (eben) durch den Gedanken an ..., die Vorstellung von ... – *conformabam* habe immer zu bilden gesucht.
In 12 – 14 stellt Cicero die Vorteile dar, die ihm Poesie und Wissenschaft gewährt haben, nämlich 1. Erholung, 2. Weiterbildung, 3. sittliche Stärkung für seine Tätigkeit als Politiker; sehr bezeichnend, wie er seinem mehr praktisch gerichteten Publikum die Vorteile der Sache dazustellen versucht, während die delectatio vorläufig ganz unterdrückt wird. Auch die Erholung wird als Energiequelle für das forensische Leben aufgefasst. Altrömisches *Exempla*-Denken

wird mit literarischem Interesse verbunden; die Literatur ergänzt die Vätersitte *(mos maiorum)* und erhöht sie. – Zugleich stellt Cicero – wie in der Einleitung – eine Verbindung zwischen sich und Archias her: Aus der Literatur wächst seine Redekunst, die den Freunden und dem Staat zugute kommt.

15. *Quaeret* (asyndetisch wie 12 *Quaeres*). „Nun wird man vielleicht fragen". Der Redner kommt hier einer Einwendung zuvor (Form der occupatio, die Cicero sehr liebt), indem er auf die Steigerung natürlicher Anlagen durch höhere, systematische Bildung hinweist; Cicero erweitert nun aber den Kreis der Fragenden auf alle *(quispiam)*, da er nun auch alle anspricht – *Quid?* Wie? (lebendig!) – *ipsi* auch – *virtutes* Trefflichkeit – *istane doctrina*: wörtlich „die Bildung, von der du sprichst" – *eruditi* im Besitze von ... – *difficile ... confirmare* das lässt sich schwerlich von allen behaupten – *est certum* (ohne mihi) es ist bei (von) mir entscheiden, steht fest, ich bin mir klar, weiß genau – *quid respondeam* was ich zu antworten habe – *ego* betont; fast = „auch ich" – *animo ac virtute* intellektuelle (geistige) und moralische (sittliche) Vorzüge, Anlagen – *sine doctrina* ohne gelehrte Bildung – *naturae* = ingenii (vgl. 1, nur dass hier exercitatio wegfällt) – *naturae ipsius habitu prope divino* schon (bloß) vermöge ihres eigentümlich organisierten (habitu) und fast übermenschlichen Wesens – *per se ipsos* aus eigner Kraft – *moderatos et graves* besonnene und charakterfeste Männer – *illud* weist bloß auf den folgenden A. c. I. hin (man erwartet hoc wie im Folgenden, aber illud hat stärkere hinweisende Kraft, und da schon etiam [sogar] vorhergeht, wäre hoc zu schwach) – *laudem atque virtutem* Ruhm der Vortrefflichkeit, vgl. 14 laudem atque honestatem – *valuisse* verholfen hat – *atque idem* und dabei noch – *cum* wenn – *naturam* Naturanlage – *illustrem* glänzend – *ratio ... doctrinae* eine methodisch geleitete wissenschaftliche Bildung – *illud nescio quid singulare* eine unbeschreibliche (unbegreifliche), einzigartige Vollkommenheit, ein Ideal der Vollkommenheit; nescio quid muss manchmal im Dt. durch „geheimnisvoll, unbegreiflich, großartig" wiedergegeben werden – *solere existere* ist gewöhnlich (immer) das Ergebnis.

16. Beispiele: *ex hoc numero* = ex horum hominum numero. Beachte die Anapher von *ex hoc*: Zu diesen Männern gehört ... zu ihnen ... zu ihnen – *esse* hängt noch von *contendo* ab; im Deutschen Hauptsatz! – *hunc* deutet auf die zeitliche Nähe, also den jüngeren Scipio Africanus (185–129), der Ciceros politisches Ideal war – *divinum* unübertrefflich, unsterblich – *Laelium ... Furium* die gelehrten Freunde des jüngeren Scipio. Laelius erhielt sogar den Beinamen Sapiens, allerdings eher wegen seiner klugen Vermittlertätigkeit in den sozialen Krisen jener Zeit; er ist die Hauptperson in Ciceros Dialog de amicitia – *moderatissimos homines et continentissimos* lauter Männer auf der höchsten Stufe der Sittlichkeit und Selbstbeherrschung; beachte die Superlative, es folgen in diesem § noch vier, vgl. 3 – *fortissimum* der wackere – *illis temporibus* (ohne das einschränkende ut) für seine Zeit – *doctissimum* hochgelehrt (vgl. die kurze Biographie des Nepos) – *Catonem*: M. Porcius Cato, der bekannte Censor, Redner und Schriftsteller (235–149); er ist die Hauptperson in Ciceros Dialog de senectute – *illum senem* der berühmte Alte (old man) – *qui* diese Männer – *profecto*: s. 4 – *nihil* vgl. μηδέν, in keiner Weise (stärker als nisi) – *ad percipiendam ... virtutem* zur Erkenntnis und Ausübung der Tugend – *adiuvarentur*: wir erwarten adiuti essent (in der Literatur kein Hilfsmittel gesehen hätten), aber der Römer denkt an die Gleichzeitigkeit zum Hauptverbum – *se conferre ad* sich zuwenden – *Quodsi* wenn also (nun aber) auch, aber selbst wenn – *hic tantus fructus* dieser große (nicht: so große!) Erfolg, Gewinn, Vorteil, Nutzen – *ostenderetur* sich so deutlich zeigte – *delectatio:* vgl. *aut prodesse volunt aut delectare poetae* (Horaz) – *hanc animadversionem* diese Art geistiger Tätigkeit – *humanissimam et liberalissimam* die menschenwürdigste und edelste – *iudicaretis* so müsstet ihr doch ... halten – *ceterae* sc. remissiones – *sunt* passen – *temporum* Umstände, Zeitlagen – *aetatum* Altersstufen, Lebensalter – *omnium* gehört zu allen 3 Genitiven – *haec studia* die Studien, von denen ich jetzt spreche – *agunt* führen, bringen voran; die Vermutung *alunt* (bilden das tägliche Brot für d. J.) ist verführerisch, aber gegenüber dem klaren Zeugnis der Handschriften doch abzulehnen – *oblectant* sind ein Leckerbissen für ... – *ornant* bilden eine Zierde; vgl. den Satz des Aristoteles, „dass die Bildung im Glück eine Zierde, im Unglück eine Zuflucht sei" (Diog. Laert. 5, 19) – *non impediunt* sind keine Last – *foris* im öffentlichen Leben – *nobiscum* gehört auch zu den letzten zwei Verben – *peregrinantur* gehen mit uns auf die Reise. Der letzte Satz ist einer der schönsten und wahrsten in der ganzen römischen Literatur; er bildet annähernd die Mitte der ganzen Rede. Beachte auch den kunstvollen Satzbau: disiunctio mit verschiedener Stellung der Verba, vgl. 12.

In 12–14 hat der Redner nun den Nutzen der Künste dargelegt, in 15 einen Einwand erledigt und in 16 seine Darlegung durch national(!)römische Beispiele erläutert; der gehobene Stil ist gerade bei einer παρέκβασις, die ja vom streng Sachlichen abweicht, angebracht.

17.–29. Die Würde des Dichters.

17. Übergang zur Person des Archias – *Quodsi:* s. 16 – *haec* solche Studien – *attingere* sich befassen mit etwas – *sensu ... gustare* Geschmack finden an ... – *possemus:* kluger Gebauch des Plurals, um alle einzuschließen – *mirari* = admirari – *etiam cum* selbst wenn – *in aliis* bloß an (bei) anderen – *agrestis* ἄγριος roh – *durus* (ge)fühllos – *Roscius* war ein berühmter Schauspieler, für den Cicero eine Rede in einem Zivilprozess gehalten hat – *commoveretur:* ‿ – – ‿. *venustas, tis* Grazie – *ergo:* Diese Partikel leitet hier ein „argumentum ex contrario" ein, wobei der 1. Satz in die Frageform mit hereingezogen wird. Dieses argumentum ist zugleich eine der vielen Formen des sog. Enthymems, d. h. des rhetorischen Schlusses, der ein verkürzter Syllogismus ist; ähnliche Fälle auch 19, 22, 25, 27, 30. – *corporis motu* schon (bloß, nur) durch graziöse Bewegung des Körpers; gemeint ist bes. das Gebärdenspiel – *amorem sibi conciliare* sich beliebt machen – *nos ... neglegemus* (= *neglegamus,* vgl. 10 E reicietur) und wir sollten gleichgültig sein gegen ...? (oder: Wenn nun jener ..., sollten dann wir ...?).

18. *hunc Archiam* vgl. 4 – *novo genere dicendi:* vgl. 3 E – *diligenter attenditis* ist Rückbezug auf 4 *sentiam* – *quotiens ego hunc* ist keine Anapher, sondern eine nach der Parenthese notwendige Wiederholung – *vidi ... dicere* = audivi dicentem, recitantem – *de iis ipsis rebus ... agerentur* über Tagesereignisse, ein aktuelles Thema – *agerentur* der Konjunktiv steht oft in Relativsätzen, die sich an einen A. c. I. anschließen, vgl. im Folgenden scripsisset und 25 fecisset – *ex tempore* aus dem

Stegreif – *revocatum* wenn man da capo rief – *rem* Gegenstand – *dicere* behandeln; der Römer scheut sich nicht so wie wir vor Wiederholung des gleichen Wortes – *sententiis* Gedanken; vgl. Quintilian, inst. 10, 5, 9 *nostra pluribus modis tractare proderit – accurate cogitateque* nach sorgfältiger Überlegung – *veterum scriptorum* der Klassiker, z. B. Homers, also nicht bloß der Alexandriner, die gerade damals im Kreise Catulls als Muster galten – *hunc* einen solchen Mann. Beachte die nachdrückliche Anapher, die drängenden Fragen und die Steigerung in den Verben – *diligam* hochschätzen – *omni ratione* mit allen Mitteln, um jeden Preis – *atque* und dazu = ferner – *sic* weist nur auf den folgenden A. c. I. hin – *a summis etc.* aus dem Munde; Cicero bringt ein verstecktes Zitat – *eruditissimis* solche Nachträge (das Wort sollte nach summis stehen) sind bei Cicero sehr häufig – *accepimus* παρειλήφαμεν, wir haben überliefert erhalten, gelernt; ich weiß – *ceterarum rerum studia* alle anderen Wissenschaften – *doctrina praeceptis arte* Unterricht, Regeln, Fertigkeit – *constare* m. Abl. instr. „voraussetzen" – *poetam* Asyndeton adversativum – *natura ipsa valere* seine Stärke schon in seinem Genie hat (vgl. den alten Satz: orator fit, poeta nascitur) – *excitari* angetrieben werden – *spiritu* Anhauch – *inflari* = adflari, begeistert werden; schon bei Platon (Phaidros 244 f.) wird die Begeisterung des Dichters auf eine göttliche Einwirkung (wie beim Seher) zurückgeführt. Neben dieser Vorstellung vom vates gab es später allerdings auch die des poeta doctus, die davon recht verschieden ist. – *quare* ist durch das folgende *quod* noch einmal verdeutlicht – *suo iure* mit vollem Recht – *noster* unser Landsmann; sofort wieder das römische (!) Beispiel! – Ennius (239–169), berühmter Epiker und Dramatiker, aus Rudiae in Calabrien; sein wichtigstes Werk, aus dem Cicero oft zitiert, waren die Annales, eine in 18 Büchern geschriebene römische Geschichte in Hexametern, von denen wir nur mehr 600 haben – *sanctus* wörtlich „abgegrenzt, eingehegt, vom profanen Gebrauch ausgeschlossen, unantastbar, unverletzlich", daher heilig, geheiligt, verehrungswürdig – *dono ... munere* Gnadengeschenk – *esse videantur*: – ⏑ ⏑ ⏑ – ⏑.

19. *humanissimos* als Männer von feinster Bildung – *hoc poetae nomen* das Wort „Dichter"; *poetae* ist genet. definitiv. – *barbaria* = barbari; das Abstractum ist nachdrücklicher als das Concretum – *saxa etc.* Man denkt zunächst an die Sage von Orpheus – *voci* sc. des Dichters – *respondent* im Echo – *flectuntur* lassen sich zähmen – *consistunt* bleiben lauschend stehen; vgl. Goethes „Novelle" – *nos* etc.: wegen des argum. ex contr. s. 17 – *rebus optimis* = artibus optimis, liberalibus – *non moveamur* sollten uns nicht rühren lassen; der ganze Satz ist ein schönes Beispiel des erhabenen Stiles (sublime genus dicendi), der hier zum dichterischen Inhalt gut passt; zugleich ist in den vorhergehenden Perioden der dichterische Ton vorbereitet – *Homerum* vgl. das bekannte lat. Epigramm über die strittigen Geburtsstädte Homers – *Colophon, Smyrna* Städte im jonischen Kleinasien – *Chios* Insel im Ägäischen Meer – *Salamis* nicht die Stadt auf der berühmten Insel Salamis, sondern Salamis auf Cypern – Man beachte die Lebhaftigkeit und Kraft der Variatio, mit der die Verba (disiunctio, vgl. 12) dieses Satzes den Streit darstellen – *suum vindicant* nehmen ihn für sich in Anspruch – *repetunt* (s. 1) fordern für sich – *vero* vollends – *itaque*: s. 5 – *eius* ei, ihm zu Ehren. Der Genitiv erklärt sich daraus, dass der Tempel eben als der einer Gottheit galt, delubrum Homeri wie templum Iovis; Strabon (14, 1, 37) berichtet, dass es in Smyrna ein

„Homereion" gab, einen Tempel mit einem Bild Homers – *pugnant ... contendunt* streiten leidenschaftlich; *atque contendunt* – ∪ – – –.

19. M(itte)–**24.** Archias hat durch seine Epen das ganze römische Volk verherrlicht. Er wird im Übrigen zu Homer in Parallele gesetzt, so dass die Aberkennung des Bürgerrechts fast ein Sacrileg wäre. – *Ergo* s. 17 E. Man beachte die sich entsprechenden Gegensätze in *Ergo* – *repudiamus!* – *illi alienum* nur eine Stadt konnte Recht haben, aber durch den Streit wurde Homer für alle ein Fremder – *quia* bloß weil – *etiam* sogar noch – *hunc* den Angeklagten – *voluntate* nach seinem eignen Wunsch – *noster* unser Mitbürger – *praesertim cum* ist hier nicht „zumal da", sondern, wie oft bei Cicero, „und das, obgleich" (Madvig zu Cicero fin 2,25) – *omne ... studium* nachdrückliches Hyperbaton – *olim* schon seit langer Zeit – *studium* Eifer, Fleiß – *et Cimbricas res* den Krieg gegen die Kimbrer: wohl nur dessen siegreichen Schluss. Das *et* (= etiam) ist nicht mit dem et (und dadurch) vor ipsi koordiniert, ihm entspricht vielmehr 21 A Mithridat. vero bellum – *attigit* hat sich mit der poetischen Darstellung des ... befasst – *ipsi* sogar – *durior* wenig empfänglich – *iucundus fuit* (vgl. 6) hat sich beliebt gemacht bei.

20. *neque enim* so immer am Satzanfang statt nam non, wenn non nicht ein bestimmtes Wort negiert; neque enim quidquam = nam nemo, nemo enim – *aversus* abgewendet, abgeneigt, abhold – *mandare versibus* (versibus ist Dativ, während litteris prodere [s. 15] Instrumentalis ist) besingen, mit *aeternum* (unvergänglich) = im Liede verewigen – *laborum* Mühen, Taten – *facile* gern – *praeconium* 1. öffentl. Bekanntmachung, 2. Lobpreis, Verherrlichung – *praeconiŭm pătĭātur:* die sonst möglichst gemiedene clausula heroica! Warum hier? – *acroāma* 1. Vortrag, Ohrenschmaus, 2. Deklamator, Vortragskünstler. Obwohl Cicero sonst, soweit möglich, Purist ist, gebraucht er hier, wo er von einem Griechen spricht, ein Fremdwort, fügt aber gleich *cuius vocem* hinzu – *virtus* Tüchtigkeit, Verdienst – *praedicare* öffentlich bekannt machen, preisen, loben, rühmen; wir erwarten gerade hier die direkte Rede. Im Lateinischen werden aber gerne gerade solche Aussprüche indirekt gegeben – Aufschlussreich auch, wie in der ganzen Darlegung Ciceros Ehrgeiz zum Ausdruck kommt – *item* auch, ebenso – *Plotius* war der erste Rhetor, der in lateinischer Sprache lehrte als erfolgreicher Konkurrent der griechischen Rhetoren – *ea quae gesserat* = res a se gestas – *celebrare* feiern, lobpreisen, rühmen, verherrlichen – *posse celebrari:* – ∪ ∪ ∪ – –. So, wie hier Themistokles mit Marius in Parallele gesetzt wird, verfuhr man in Ciceros Kreis vielfach mit Römern und Griechen, etwa in den *Vitae* des Cornelius Nepos.

21. *Mithridaticum bellum:* den 3. Krieg gegen Mithridates, 74–63, geführt zuerst von L. Lucullus, dann von Cn. Pompeius – *magnum* gefährlich – *in multa varietate ... versatum* der sich in buntem Wechsel abspielte; *multa* = magna, wohl weil magnum eben vorherging, aber auch sonst häufig, vgl. πολύς – μέγας (Umgangssprache?) – *totum* wohl nur die Jahre 74–66, in denen L. Lucullus Oberfeldherr und Archias in dessen Hauptquartier war – *expressum* hier, im Gegensatz zu 14, nur „dargestellt, geschildert" – *illustrare* ins Licht setzen, Glanz verleihen, verherrlichen – *populus ... Romanus:* s. den Schluss des vorigen Satzes, den Schluss und den Anfang von 22. Diese Worte werden wiederholt, weil Cicero hier die Verdienste des Archias um das ganze römische Volk betonen will; das ist nicht bloß rhetorische Figur. Vgl. im Folgenden die ebenso wuchtige Anapher von „nostra". Auf Anaphern wird von hier an nicht mehr hingewiesen – *aperuit* hat sich erschlossen, den Zugang freigemacht; vgl. Cic. de imp. Cn. Pomp. 21 ad eodem (L. Lucullo) ... patefactum nostris legionibus esse Pontum – *Pontus* 1. das Schwarze Meer, 2. die Länder um dieses Meer, Reich des Mithradates – *regiis* = regis – *opibus* Macht (Festungen und Militär) – *ipsa naturae regione vallatum* schon durch seine natürliche Lage verschanzt – *non maxima* (Litotes) ziemlich klein; im Jahre 69 hatte Lucullus mit 12 000 Soldaten und 3000 Reitern bei Tigranocerta ein Heer von 250 000 Soldaten und 55 000 Reitern geschlagen – *amicissimam* treu ergeben, eng befreundet – *Cyzicus* Stadt in der Propontis (Marmarameer) – *eiusdem* = Luculli – *consilio* Klugheit – *impetu* Zugriff – *regio* vgl. oben – *ex belli ore ac faucibus* aus dem Rachen und Schlund, aus dem gähnenden Rachen. Diese sprichwörtliche Redensart, die den Krieg mit einem Raubtier vergleicht, ist bei Cicero und Livius nicht selten – *atque servatum* – ∪ – – ∪. – *feretur* sc. laudibus, wird erhoben (genannt, verkündet) werden – *depressa* versenkt – *incredibilis ... navalis* Beachte die zwei Hyperbata und die praktische Stellung von *apud Tenedum; Tenedus* Insel gegenüber der Troas – *tropaeum* τρόπαιον (σημεῖον) Trophäen, Siegeszeichen an der Stelle, wo sich der Feind zur Flucht wandte (τρέπεσθαι) – *quae quorum ingeniis – ab iis = et quorum ingeniis haec* (diese Taten) *efferuntur* sc. laudibus, s. oben feretur): korrelative Stellung und relative Satzverschränkung – *fama celebratur* – ∪ ∪ ∪ – ∪; Cicero schmeichelt durch den Preis römischer Taten (der ja gar nicht zur Sache gehört) dem Nationalgefühl der Hörer, die dadurch natürlich angesprochen werden.

22. *carus fuit* stand in Gunst bei ...; zum Asyndeton vgl. 6 erat ... iucundus – *superiori* = maiori, dem Älteren, der 183 starb – *noster* vgl. 18 E noster ille Ennius – *sepulcro* Familiengrab (vor der porta Capena, wiedergefunden 1780) – *putatur* weil die Inschriften fehlten; keines der gefundenen Bilder kann sicher auf Ennius gedeutet werden – *ex marmore* in Marmor – *ipse* = Scipio – *huius sc. Catonis*, des hier anwesenden Cato, nämlich dessen, der sich später in Utica den Tod gab – *proavus* Urgroßvater, der berühmte Censorius – *tollitur* = effertur, ebenfalls in den Annalen des Ennius – *magnus ... adiungitur* Asyndeton, im Deutschen muss „dadurch aber" oder „und damit" eingeschaltet werden – *rebus* Geschichte – *denique* kurz, endlich – *Maximi* etc.: Männer wie Maximus, ein M. Gemeint ist der vorsichtige Gegner Hannibals, der berühmte Q. Fabius M. Cunctator – *Marcelli* M. Claudius Marc., der Sieger bei Nola (215) und Eroberer von Syrakus (212) – *Fulvii:* M. Fulvius Nobilior, der 189 die Ätoler im westlichen Mittelgriechenland besiegte. Solche Reihen von berühmten Namen gehörten zum Vorrat jedes Redners; in Handbüchern waren z. B. Sammlungen gegeben „aller, die tapfer kämpfend starben" oder „aller, die in Armut starben" oder „große, echte römische Männer". Ob Cicero hier aus solchem Handbuch schöpfte, ist natürlich kaum zu sagen; das konnte man auch auswendig – Beachte in den letzten §§ die reiche Synonymik für „loben": celebrare, in caelum tollere, ornare, honorem adiungere, decorare und für „Ruhm": laus, gloria, fama, praeconium – *ergo* s. oben 17 E und 19 M und beachte wie in 19 die Parallelen der Gegensätze – *qui haec fecerat* der dies geleistet, nämlich Rom und seine Helden gerühmt hatte – *Rudinum* aus *Rudiae*, s. oben 18 E, einer Kleinstadt, die sich mit Heraclea nicht messen konnte – *hunc* = Archiam – *multis* = a multis. Das ist der Dativ beim Passiv, dativus auctoris – *expetitum* umworben – *in hac* sc. civitate, in Rom – *constitutum* eingebürgert. Da Archias Bürger von Heraklea war (6), so war er durch die lex Plautia Papiria, die den civitates foederatae das römische Bürgerrecht gab, ebenfalls römischer Bürger geworden – *eiciemus* = eiciamus, vgl. 17 E neglegemus; Verwandtschaft des Futurs mit dem Konjunktiv! – Antithese: *receperunt ... eiciemus*.

23. Die griechisch geschriebenen Epen des Archias verkünden Roms Ruhm in aller Welt. Dichter machen ihre Helden unsterblich, daher waren sie von jeher geehrt. – *Nam* leitet die Widerlegung eines möglichen Einwandes ein (occupatio), indem schon durch die nachträgliche Erwähnung der Sache dieser selbst ihre Bedeutung genommen wird – *fructum* (vgl. 1) Ertrag, Ernte – *percipi* lasse sich gewinnen, erwachse – *in omnibus gentibus* auf der ganzen Welt – *exiguis sane* die recht eng sind. Hier übertreibt Cicero, denn das Latein war doch in den Provinzen auch schon weit verbreitet. Jedenfalls aber sieht man Ciceros Sinn für Publizität und Wirkungsmöglichkeit. Zugleich erkennt man die griechisch-römische Einheitskultur mit ihren zwei Weltsprachen – *continentur* ist beschränkt – *quare* ist durch das folgende *quod* verdeutlicht – *res eae, quas gessimus* (vgl. 20 ea quae gesserat) = res a nobis gestae – *regionibus definiuntur* nur an den Grenzen ... eine Schranke finden – *quo ... eodem:* korrelative Stellung, im Deutschen umzukehren – *gloriam* sc. nostram – *cum ... tum certe* erstens einmal ... dann gewiss auch – *haec ampla sunt* eine solche Verherrlichung ehrenvoll, rühmlich ist – *de vita dimicare* sein Leben in die Schanze schlagen, einsetzen – *periculorum ... laborum* Homoioteleuton; 20–40: Von jeher haben große Feldherren die Dichter als Verkünder ihrer Taten geehrt.

24. *atque is tamen* Und doch, Und trotzdem – *Sigeum* Vorgebirge der troischen Küste – *praeco* (vgl. 20 *praeconium*) Ausrufer, Verkünder, Herold – *virtutis* Tapferkeit; Alexander fühlte sich als zweiter Achilleus. – Übrigens stellt Cicero hier wieder indirekt Archias neben Homer – *vere* sc. hoc. dixit – *ars illa* jenes Genie – *exstitisset* entstanden wäre; Cicero stellt hier schön dar, wie die größte Tat „sangund klanglos" untergehen kann, wenn nicht der Dichter noch einmal das Bleibende stiftet. Horaz hat das in einer großartigen Strophe gesagt: „Vixere fortes ante Agamemnona / multi; sed omnes inlacrimabiles / urgentur ignotique longa / nocte, carent quia vate sacro" (c. 4, 9, 25 f.); vgl. Goethe, „Wilhelm Meisters Lehrjahre": „Der Held lauschte ihren (der Dichter) Gesängen, und der Überwinder der Welt huldigte einem Dichter, weil er fühlte, dass ohne diesen sein ungeheures Dasein nur wie ein Sturmwind vorüberfahren würde."; vgl. bes. auch Cic. fam. 5, 12, 7 – *quid?* Wie? Ferner. Solche Fragen wollen nicht nur den neuen Beweis in seiner Wichtigkeit betonen, sondern zugleich den Hörer bestürmen und sein Zugeständnis erzwingen; zu beachten ist noch, dass im Lateinischen das „nonne" im Gegensatz zum Deutschen nie unmittelbar nach Quid folgt – *noster hic Magnus* (vgl. 18 noster ille Ennius). Gemeint ist Pompeius, der diesen Beinamen von seinen Soldaten und von Sulla erhalten hatte. Das „hic" bezeichnet hier nicht die räumliche Nähe (er war damals gar nicht in Rom und wäre als Feind des Lucullus auch nicht bei der Verhandlung erschienen), sondern die zeitliche, etwa „unser moderner, römischer Magnus" im Gegensatz zu magnus ille Alexander – *qui cum virtute fortunam adaequavit* dessen Leistungen so groß sind wie sein Glück (wörtlich?); in diesem Relativsatz verteidigt Cicero den Pompeius gegen den möglichen Vorwurf, seine Erfolge seien mehr dem Glück, weniger seiner Leistung zu verdanken. Virtus und Fortuna werden sonst gerne (als im Grunde schlecht vereinbar) einander gegenübergestellt. Böse Zungen machten z. B. Caesar zu einem Glücksritter, der mehr Glück als Fähigkeiten hatte. – *Mytilene* Hauptstadt der Insel Lesbos – *rustici* ist substantiviertes Adjektiv, Gegensatz ist urbanus (vgl. mhd. dörper – hövesch); Bauern, Ungebildete. Übersetze „raue Haudegen". Sehr schön kommt an dieser Stelle zum Vorschein, wie das intellektuell Negative und das ethisch Positive in *rusticus* nebeneinandergelagert sind: zwar kann der *homo rusticus* als *homo rusticus* in Folge mangelnder Geistesbildung nicht rational erkennen, worum es bei dieser Ehrung geht, aber von der Ehrung als solcher wird er gepackt; der sichere ethische Instinkt, der ihm ja keineswegs abgeht, reagiert auf die fast sinnlich entzückende *dulcedo laudis* (Altevogt). – *approbaverunt:* – ⌣ – – –.

25. *credo* s. 10; welche Funktion und Häufigkeit hat die Ironie in der Archias-Rede? – *esset* = fuisset, vgl. 16 adiuarentur – *ut ab ... imperatore ... donaretur* (der Finalsatz steht vor dem Hauptsatz) die Vollmacht dazu erhielten die Feldherrn durch Volksbeschluss – *Hispanos et Gallos:* natürlich nur Einzelnen, nicht der ganzen Provinz; die folgende Anekdote lockert auf – *donaret* sc. civitate: absichtliche Wiederholung des Wortes – *hunc* = Archiam – *petentem* = si id petivisset – *quem* = Sullam – *videmus* hier „wir sehen, stellen fest, wissen" – *libellum* (verächtliches Deminutiv) Heftchen, Blättchen – *malus poeta de populo* ein Dichterling von der gewöhnlichen Sorte – *subiecisset* überreicht hatte; im Lat. genauer „von unten nach oben gereicht", weil Sulla beim Verkauf seiner Beute auf einer Tribüne saß – *fecisset* der Konjunktiv steht duch Attraktion zu subiecisset, drückt also nicht etwa den Gedanken Sullas aus, sondern die Begründung Ciceros zu dem folgenden *statim ... iubere ... tribui;* daher auch *in eum,* nicht *in se* – *tantum modo* (bloß weil) das einzige Verdienst war die Distichen-Form – *alternis versibus longiusculis* (verächtliches Deminutuv) in elenden abwechselnden Langversen, jämmerlichen Distichen; Ennius hatte den Hexameter schon versus longus genannt – Weshalb beginnt schon bei *statim* der Witz? – *rebus* es waren die Güter der von Sulla Proskribierten – *sedulitas* übel angebrachte Geschäftigkeit, Aufdringlichkeit – *huius* = des Angeklagten – *virtutem in scribendo et copiam* dichterische Kraft und Fülle – *et copiam* dieser bei Cicero so häufige Nachtrag kann hier der Betonung dienen als eine Art Hyperbaton – *non expetisset* sollte nicht versucht haben für sich zu gewinnen?

26. *quid?* s. 24 – *Metello Pio* vgl. 6 – *per se* persönlich – *per Lucullos* durch Vermittlung der Brüder Lucullus – *qui praesertim* zumal dieser Mann (Metellus) – *usque eo* bis zu diesem Grade, so heiß – *de suis rebus* sc. gestis – *Cordubae:* heute Cordova in Andalusien, Vaterstadt der Familie Seneca, schon im 1. Jhdt. n. Chr. völlig romanisiert – *pingue quiddam sonant atque peregrinum* deren Sprache merkwürdig schwülstig und fremdartig klingt – *sonantibus* = etsi sonant – *atque peregrinum* wieder ein Nachtrag wie oben et copiam – *aures dederet* = aures praeberet, vgl. 5 aures adhibere.

26. M–31. Alle Menschen wünschen sich ewigen Nachruhm, den eben die Dichter verleihen; der Redner steigt nun zu dem allgemeinen Schluss auf, dass der Ehrgeiz allen Menschen gemeinsam ist – *Neque enim:* s. 20 A – *ferendum* sc. est – *trahimur ... ducimur* diese Verba klingen im Lat. stärker als im Deutschen – *studio* Verlangen – *gloria* Ehrgeiz – *ipsi* sogar – *libellis* (verächtlich?) Büchlein, Werkchen – *in eo ipso in quo* gerade da, wo – *nobilitas* Auszeichnung, Berühmtheit – *despiciunt* angeblich verachten – *nominari* sc. se.; vgl. Cic. Tusc. 1, 15 quid? Nostri philosophi nonne in iis libris ipsis, quos scribunt de contemnenda gloria, sua nomina inscribunt? -Vgl. die Synonymik für Lob, Ruhm, Preis usw.

27. *Decimus Brutus,* Konsul 138, besiegte spanische Völker, war auch für seine Zeit ein gelehrter Mann – *quidem* (ja doch, ja auch) führt eine historische Person für die Richtigkeit eines aufgestellten Satzes ein – *Acci:* L. Accius, 170–90, berühmter Tragödiendichter, hat nach dem Bericht der scholia Bobiensia über D. Brutus ein Buch in Saturniern geschrieben, aus dem dieser „viele Zeilen über den Eingang des Marstempels" in Stein hauen ließ – *monumenta* Bauwerke – *iam vero* Und vollends – *Fulvius:* s. 22 – *Martis manubias Musis:* Allitteration! Cicero ahmt wohl die Inschrift oder wenigstens deren Stil nach: Fulvius baute einen dem Herkules und den Musen gemeinsamen Tempel. Da nun die Musen den Dichter inspirieren, so erscheint Fulvius indirekt auch als Freund der Dichter – *prope armati* fast noch im Panzer – *togati* im Friedenskleide – *honore* Ehrung – *salute* Rettung – *abhorrere* sich abwenden, entziehen.

28. *id:* aus dem Schluss des vorigen Satzes sind *colere* und *servare* als Gegensätze zu entnehmen – *me indicabo* will ich mich selbst anzeigen, verraten – *quodam amore* geradezu leidenschaftliches Verlangen – *honesto* ehrenhaft, nicht über die Grenzen des Erlaubten hinausgehend – *nos pluralis modestiae* – *vobiscum* der Redner erklärt hier schlau die Geschworenen als seine Gesinnungsgenossen – *pro salute ... re publica* eine nicht ganz gelungene Klimax – *hic* der Angeklagte – *attigit versibus* vgl. 19 E, aber hier war es wirklich nur ein „attingere", denn das Epos wurde nie vollendet – *quibus auditis* sc. versibus; Archias hatte sie Cicero vorgelesen – *magna res et iucunda* ein wichtiges und erfreuliches Unternehmen. Wie so oft, bittet Cicero auch hier unter Hinweis auf seine eigenen Verdienste um Schutz für seinen Klienten, mit dem er sich um so mehr identifizieren kann, als dieser Ciceros Konsulat verherrlichen will; Cicero ergriff jede Möglichkeit, den Ruhm seines Konsulates zu verbreiten; zugleich betont er seine Leistungen, um durch seine Auctoritas als Konsular seinem Klienten zu nützen. „So trägt der Adlerflug des Konsulars den Zaunkönig Archias in schwindelnde Höhen" (v. Albrecht). Cicero wollte dabei aber nicht als eigenmächtiger Herrscher, sondern als selbstloser Retter der Republik erscheinen. – *virtus* Verdienst, ein verdienter Mann – *laborum periculorumque* vgl. 23 E – *hanc* eben diesen, von dem ich jetzt spreche – *laudis et gloriae* (genet. definit.) der in Lob und Ruhm besteht – *quid est quod* was gibt es dann noch für einen Grund – *exiguus, brevis* (räumliche und zeitliche Kürze) knapp bemessen. Wieder hinkt das „et tam brevis" nach unserem Empfinden nach – *vitae curriculo* Lebensbahn (Bild von der Rennbahn, nie im Sinn von „Lebenslauf" oder Biographie, was nur „vita" heißt) – *nos exerceamus* uns herum-, abzuquälen.

29. *praesentire in posterum* ein Vorgefühl für die Zukunft haben. Beachte in diesem § ebenso wie in 23 die Ausdrücke für Raum, Zeit (auch 1) und Begrenzung – *regionibus* vgl. 23 – *se frangere* sich aufreiben – *angi* sich ängstigen, mit Sorgen plagen – *de ipsa vita dimicare* um das nackte Leben, auf Leben und Tod kämpfen; stärker als 23 de vita dimicare – *nunc* (nunc autem) ist wie νῦν (νῦν δέ) das deutsche „So aber", immer nach einem Irrealis – *virtus* ein edler Trieb – *dimittere* aufgeben, verzichten auf – *commemorationem nominis nostri* die Sorge um die Fortdauer unseres Namens – *cum omni posteritate adaequandam* „bis auf die späteste Nachwelt ausdehnen"; vgl. Cic. pro Rabirio 29 optimi et sapientissimi cuiusque ita animus praesentit in posterum ut nihil nisi sempiternum sperare videatur.

30. *an vero* Oder etwa, Oder wirklich: damit wird eine rein rhetorisch argumentierende Frage eingleitet und die positive Behauptung durch die Negation des Gegenteils bewiesen, vgl. 12 – *parvi animi* kleinmütig – *videamur* (der unwillige Deliberativ ist in solchen Fragen selten) sollten wir uns zeigen – *periculis laboribusque* vgl. 28 – *versamur* uns hin und her wenden, mitten drin stehen – *extremum spatium* Ende unserer Tage, letzter Augenblick – *otiosum* frei – *omnia* alle unsere Leistungen; vgl. Tusc. 1,15 Nescio quomodo inhaeret in mentibus quasi saeculorum quoddam augurium futurorum idque in maximis ingeniis altissimisque animis et exsistit maxime et apparet facillime; quo quidem dempto quis tam esset amens, qui semper in laboribus et periculis viveret? – *an* mit diesem an wird der rhetorische Schluss ex contrario eingeleitet – *simulacra* Abbilder – *corporum* nur der Körper – *consiliorum ac virtutum* Gedanken und rühmliche Leistungen, unserer ganzen Denk- und Handlungsweise – *ingeniis* obwohl das offenbar der Instrumentalis ist (wohl kaum dat. auctoris), so ist es doch soviel als „Männer von Talent, Genies" – *expressam et politam* lebensvoll (lebendig, treu) und fein gezeichnet; man beachte die feine Ausgewogenheit des Satzes *an statuas ... politam* mit dem spannungsreichen und eleganten Umschwung in der Mitte – *vero* wahrhaftig – *in gerendo* während der Ausführung – *in orbis terrae memoriam sempiteruam* zu meinem ewigen Andenken in der ganzen Welt; Cicero fühlt sich also vor einer Weltöffentlichkeit stehen; überhaupt zu vergleichen ist auch Vergil, Aen. 6, 847 f., wo vor dem Forum einer Weltöffentlichkeit eine Synkrisis der Völker Roms und Griechenlands vorgenommen wird. – Übrigens wirken an dieser Stelle der Rede schon die Gedanken des acht Jahre später entstandenen Werkes De re publica vom moderator rei publicae (5. Buch) – *haec* sc. memoria – *a sensu meo afutura est* mir nicht zum Bewusstsein kommt – *sapientissimi homines* z. B. Plato – *ad aliquam animi partem pertinebit* einen Teil meines geistigen Ichs ausmachen wird (wörtlich?) – *nunc quidem ... delector* jedenfalls (*certe*) denke ich jetzt schon gerne mit einer leisen Hoffnung daran. – Zum Ganzen des Schlusses vgl. bes. Buchheit (248 f.): „Pro Archia ..., nicht bloß ... Preis der Dichtung und des Geistigen überhaupt, dem sogar neben geläufiger utilitas ein Wert an sich zuerkannt wird ... Diese Rede wäre auch zu verstehen als Bestätigung der ... Selbstdeutung Ciceros, die besagt, dass er Kraft seiner Anlage und Bildung das ideale Bild eines Staatsmannes im Sinne eines Scipio ... verkörpere und für seine ... Tat ... die ihm gemäße Verherrlichung von der Hand eines neuen Homer erhalte." „Der Schluss der Rede Pro Archia gehört in eine Linie, die direkt zum Somnium Scipionis führt."

31.–32. *Peroratio, epilogus.* 31 besteht aus zwei Sätzen, von denen der erste den Inhalt von 1–12, der zweite den von 12–31 zusammenfasst. Im 1. Satz sind die Schlagworte (im abl. qualit.) *pudore, ingenio, causa,* an die sich wie im 1. Satz von § 1 Relativsätze anschließen. Der Redeschluss soll die ganze Rede rekapitulieren (enumeratio) und alles noch einmal vor Augen stellen; das soll aber kurz abgemacht werden. Sodann sollen aber (je nach dem Zweck der Rede) die Affekte der Hörer erregt werden (Zuneigung, Verständnis, Mitleid – Hass, Abscheu), wobei man aber sehr vorsichtig sein muss. Den bedrängten Beklagten empfehlen z. B. sein Würde oder seine Verdienste und Leistungen: das hat Cicero hier besonders verwendet, während die Affekterregung etwas in den Hintergrund tritt.

Quare Also, So … denn; beim Imperativ steht sonst meist proinde – *hominem* einen Mann – *pudor* Ehrbarkeit, ehrenhafte Gesinnung – *amicorum … dignitate … vetustate* durch langjährige Freundschaft hochangesehener Männer – *comprobari* verbürgt ist – *quantum id convenit existimari* wie man es wohl voraussetzen muss (wörtlich?) – *quod … videatis:* konsekutiver Relativsatz, der das quantum etc. näher erklärt – *summorum hominum ingeniis* von den vornehmsten und geistreichsten Männern; ingeniis ist wohl dat. auctoris, vgl. 22 multis civitatibus – *expetere* für sich zu gewinnen suchen, sich bemühen um …, dieses Verbum ist auch in 14, 19, 22, 25 gebraucht – *causa* (abl. qual.!) *vero* etc. dessen Sache vollends von der Art (so gelagert) ist – *beneficio legis* (= lege): die Umschreibung nur, um Gleichförmigkeit mit den folgenden Gliedern zu erzielen; die lex ist die lex Plautia Papiria in 7 – *auctoritate … Metelli* Zusammenfassung von 8, 9 – *auctoritate* Bürgschaft – *municipi* sc. Heracleae, 6 E, 7, 8 – *comprobetur:* – ∪ – ∪; *divina* überirdisch, göttlich, weil der Dichter nach 8 E im Schutz der Götter steht, von denen er inspiriert wird – *ingeniis* Talente, Genies, vgl. 30 – *qui vos … ornavit* s. 19, 20, 22 – *semper* in einem fort, von jeher – *recentibus … periculis* die Verschwörung Catilinas – *nostris* = meis – *domesticis* im Innern des Staates – *aeternum* unvergänglich – *testimomium laudis dare* ein neuer Ausdruck für rühmen, vgl. 20–22 – *profitetur* verspricht; zur Sache vgl. 28 – *ex eo numero* vgl. 16 ex hoc numero – *apud omnes* auf der ganzen Welt – *sancti* 18 E – *habiti* betrachtet – *itaque* (der Ton liegt auf dem a) und auch so (= solche) – *in fidem accipere* in Schutz nehmen; welche Bedeutung kam der Fides im römischen Leben zu? – *humanitate* Milde – *levatus* aufgerichtet, begünstigt, geschützt – *acerbitate* Härte. Beachte die Antithesen und Parallelismen, die man geradezu als Haupthebel des lateinischen Satzbaues bezeichnen kann; dem levatus würde (statt violatus) genauer depressus entsprechen, was Cicero wohl als zu stark vermieden hat – Während Cicero sonst eine Verteidigung mit einer miseratio schließt, gebraucht er hier, im Vertrauen auf die gute Sache, nur die einfachsten Worte.

32. *de causa* über die Rechtsfrage (4 M – 11) – *pro mea consuetudine* das ist übertrieben; in anderen Reden sprach er über juristische Fragen viel ausführlicher, aber in diesem Fall war wirklich nicht mehr zu sagen – *simpliciter* in ungekünstelten, schlichten Worten – *a forensi aliena … consuetudine* vgl. 3 und Cic. Verr. 4, 109 vereor, ne oratio mea aliena ab iudiciorum ratione et a cotidiana dicendi consuetudine esse videatur – *hominis* = huius, meines Klienten, vgl. 31 A und 4 exspectatio hominis – *communiter* im Allgemeinen – *de ipso studio* über künstlerische und wissenschaftliche Tätigkeit (12–30) – *in bonam partem accipere* gütig aufnehmen, nicht übel nehmen – *qui iudicium exercet* der Vorsitzende, vgl. 3 hoc praetore exercente iudicium – *certo* mit Gewissheit, gewiss; certo drückt im Gegensatz zu certe (es ist sicher) die subjektive Gewissheit aus – *ab eo ... scio* in bonam partem esse accepta. Cicero konnte dies leicht behaupten, da sein Bruder selbst Dichter war. – Wie in 31 eine zusammenfassende Darstellung des Inhaltes der Rede gegeben wurde, so erfolgt nun eine Zusammenfassung über die Form und Art der Rede; vgl. 3: zuerst die Ankündigung der andersartigen Redeform, am Ende die Angabe des sachlichen Gehaltes.